NATASCHA STORCH

KALORIENARMES FÜR NASCHKATZEN

*Leichter Dessert-
und Gebäckgenuss*

FOTOGRAFIE: GROSSMANN.SCHUERLE | COCO LANG

INHALT

Öffnen Sie die Klappen dieses Buches.
Dort finden Sie die wichtigsten Infos zum Thema auf einen Blick!

DAS PRINZIP:
KALORIENARM
BACKEN

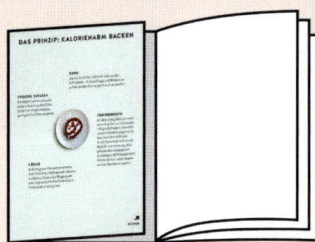

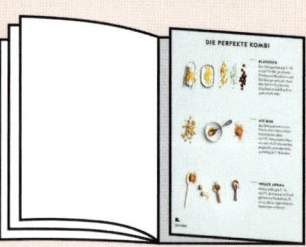

DIE PERFEKTE
KOMBI

Immer griffbereit:

SO GEHT'S:
BISKUIT

Immer griffbereit:

SO GEHT'S:
MÜRBETEIG UND
HEFETEIG

**GU
CLOU**

Wussten Sie schon, dass ...?
Entdecken Sie bei einigen ausgewähl-
ten Rezepten ganz besondere Tipps
mit verblüffendem Insiderwissen.
Aha-Momente garantiert!

Die Backzeiten können je nach Herd variie-
ren. Unsere Temperaturangaben beziehen
sich auf das Backen im Elektroherd mit
Ober- und Unterhitze.

REZEPTKAPITEL

06 KEKSE & GEBÄCK

28 KUCHEN & TORTEN

44 DESSERTS & SÜSSSPEISEN

NATASCHA STORCH

*Ein Leben mit weniger Zucker bedeutet für mich nicht Verzicht.
Denn ich muss deshalb nicht auf geliebte Naschereien verzichten. In meinem
Buch zeige ich, wie spielend einfach das gelingen kann.*

Wie sind Sie zum kalorienarmen Kochen und Backen gekommen?

Der durchschnittliche Deutsche hat in den Jahren 2021/2022 rund 34,8 kg raffinierten Industriezucker gegessen, das entspricht etwa 95 g pro Tag. Empfohlen werden pro Tag maximal 50 g. Da ich selber gerne süß esse und backe, habe ich mich an Zuckeralternativen gewagt und diese Schritt für Schritt in meinen Alltag eingebaut, um so weniger Zucker zu konsumieren.

Wie kann ich bei Kuchen und Desserts Zucker und somit Kalorien einsparen?

Zucker spielt beim Backen eine große Rolle. Nicht nur für den Geschmack, sondern natürlich auch für die Konsistenz des Teiges. In ganz normalen Kuchenrezepten können Sie bis zu ein Drittel des Zuckers weglassen, ohne dass Geschmack oder Backergebnis beeinträchtigt werden. Auch Backen komplett ohne raffinierten Zucker ist ohne Verzicht möglich. Es gibt mittlerweile viele Zuckeralternativen auf dem Markt. Ich persönlich nehme gerne natürliche Süßungsmittel. Datteln, Bananen oder Äpfel enthalten Fruchtzucker, welchen wir wunderbar zum Backen nutzen können. Für einen Hefeteig können Sie beispielsweise als Alternative zu raffiniertem Zucker selbst gemachtes Dattelmus verwenden (s. S. 14).

Naschen und Abnehmen – ist das nicht ein Widerspruch?

Auch wenn man abnimmt, darf man sich etwas Süßes gönnen. Das Einplanen kleiner süßer Zwischenmahlzeiten kann Heißhungerattacken vorbeugen und so verhindern, dass man eine Diät vorzeitig abbricht. Schlussendlich kommt es am Ende des Tages auf eine negative Energiebilanz an, also dass man mehr Energie verbraucht als zugeführt hat. Mit den Leckereien aus diesem Buch können Sie kalorienarm genießen.

30 g Cashewkerne,

30 g blanchierte Mandeln und 60 g entsteinte Datteln in einem Hochleistungsmixer zerkleinern.

40 g Kokosnussmus und

30 g Kokosraspel hinzufügen und alles zu einer homogenen Masse mixen.

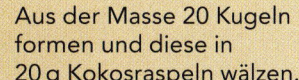

Aus der Masse 20 Kugeln formen und diese in 20 g Kokosraspeln wälzen.

Die Kokos Energy Balls in einer gut schließenden Dose gekühlt aufbewahren und innerhalb einer Woche verzehren.

KEKSE & GEBÄCK

NUSSECKEN

ZUM KAFFEE

FÜR DEN TEIG

70 g Halbfettmargarine
100 g Erythrit
1 TL gemahlene Vanille
2 Eier (M)
230 g Dinkelmehl (Type 630)
½ Pck. Backpulver

FÜR DEN BELAG

80 g Haselnussmus
30 g Erythrit
100 g zuckerfreier Fruchtaufstrich
50 g gemahlene Haselnusskerne
100 g gehackte Haselnusskerne

AUSSERDEM

rechteckige Backform
*   (ca. 35 × 25 cm)*
100 g zuckerfreie Schoko-Drops
10 g Kokosöl

1 Den Backofen auf 160° (Umluft) vorheizen. Die Margarine in einem Topf bei kleiner Hitze schmelzen, dann zusammen mit Erythrit und Vanille cremig verrühren. Eier einzeln unterrühren.

2 In einer weiteren Schüssel das Mehl mit dem Backpulver gründlich vermischen. Den Mehl-Mix auf die Eiercreme sieben und locker untermischen. Den Boden der Form mit Backpapier auslegen, den Teig daraufgeben und mit angefeuchteten Fingern (Teig klebrig!) gleichmäßig in die Form drücken.

3 Das Haselnussmus mit Erythrit und 3 EL Wasser in einem Topf erhitzen. Inzwischen den Fruchtaufstrich auf dem Teig verteilen. Das heiße Nussmus mit den gemahlenen und gehackten Haselnusskernen vermischen und obenauf verstreichen.

4 Den Teig im vorgeheizten Ofen 25–30 Min. backen, dann aus dem Ofen nehmen, leicht abkühlen lassen und noch warm in 5 × 3 Rechtecke teilen. Diese dann über die Diagonale halbieren, sodass sich insgesamt 30 Dreiecke ergeben.

5 Die Schokoladen-Drops und das Kokosöl in eine hitzefeste Schüssel geben und über dem heißen Wasserbad schmelzen. Beides gut verrühren und die Nussecken damit verzieren.

Für 70 Stück • 1 Std. Zubereitung • 1 Std. Kühlen • 10 Min. Backen • Pro Stück ca. 55 kcal, 1 g E, 4 g F, 5 g KH

HASELNUSSKEKSE

VEGAN

180 g vegane Margarine
80 g Xylit
3 TL Agavendicksaft
50 g gehackte Haselnusskerne
350 g Dinkelmehl (Type 630)
100 g gemahlene Haselnuss-
  kerne
50 g vegane zuckerfreie
  Schoko-Drops

GUT ZU WISSEN

Augen auf beim Kauf! Auch Pflanzenmargarine kann Molke, Buttermilch oder Joghurt enthalten.

1 Margarine und Xylit in einer Rührschüssel cremig verrühren. Den Agavendicksaft und die gehackten Haselnusskerne hinzufügen und unterrühren. Das Dinkelmehl in eine weitere Schüssel sieben und mit den gemahlenen Haselnusskernen vermischen. Den Mehl-Mix zu der Margarine-Nuss-Creme geben und alle Zutaten zu einem glatten Teig verkneten. Diesen ca. 1 Std. im Kühlschrank ruhen lassen.

2 Anschließend den Backofen auf 180° (Umluft) vorheizen. Zwei Backbleche mit Backpapier auslegen. Aus dem Teig ca. 70 Kugeln à 1–1,5 cm Durchmesser formen, auf die vorbereiteten Backbleche setzen und mit einem Teelöffel etwas flacher drücken.

3 Die Kekse im heißen Backofen ca. 10 Min. backen, bis sie leicht gebräunt sind. Herausnehmen und abkühlen lassen. Inzwischen die Schoko-Drops in eine hitzefeste Schüssel geben und über dem heißen Wasserbad schmelzen. Die Nusskekse damit verzieren.

Für 16 Stück • 25 Min. Zubereitung • 12 Min. Backen • Pro Stück ca. 75 kcal, 4 g E, 5 g F, 3 g KH

AFTERNOON-COOKIES

LOW CARB

80 g Halbfettmargarine
70 g Erythrit
1 Ei (M)
120 g Mandelmehl (entölt)
1 TL Natron
70 g zuckerfreie Schoko-Drops

PRAXIS-TIPP

Im Gegensatz zu gemahlenen Mandeln bindet entöltes Mandelmehl Flüssigkeit und gibt dem Teig Struktur.

1 Margarine und Erythrit in eine Rührschüssel geben und in ca. 8 Min. schaumig aufschlagen. Das Ei unterrühren.

2 In einer weiteren Schüssel Mandelmehl und Natron vermischen, dann mit den Schoko-Drops zur Eiercreme geben und unterkneten.

3 Den Backofen auf 170° (Umluft) vorheizen. Ein Backblech mit Backpapier belegen. Den Teig in 16 gleich große Portionen teilen und diese zu Kugeln formen. Die Kugeln auf das vorbereitete Blech setzen und mit einem Teelöffel zu flachen Kreisen drücken.

4 Im vorgeheizten Backofen in 10–12 Min. goldgelb backen. Die fertigen Kekse aus dem Ofen nehmen und etwas abkühlen lassen. Dann vorsichtig vom Backblech heben (sie sind noch relativ weich) und auf einem Kuchengitter vollständig auskühlen lassen.

Für 12 Stück • 30 Min. Zubereitung • 20 Min. Backen • Pro Stück ca. 145 kcal, 6 g E, 4 g F, 21 g KH

SCHOKO-SCONES

IT'S TEA TIME

300 g Dinkelmehl (Type 630)
1 Pck. Backpulver
60 g Erythrit
250 g Magerquark
60 g Halbfettmargarine
5 EL Mandeldrink (ungesüßt)
60 g zuckerfreie Schoko-Drops
Mehl zum Arbeiten

TAUSCH-TIPP
Probieren Sie die Kekse auch mal mit Heidelbeeren oder Rosinen statt Schoko-Drops! Megalecker!

1 Mehl, Backpulver und Erythrit in einer Rührschüssel vermischen. Quark und kalte Margarine in Stückchen dazugeben und sämtliche Zutaten mit 3 EL Mandeldrink zu einem homogenen Teig verkneten. Zum Schluss die Schoko-Drops kurz unterkneten.

2 Den Teig in 2 gleich große Portionen teilen. Diese jeweils auf der leicht bemehlten Arbeitsfläche rund formen und auf einen Durchmesser von ca. 15–20 cm flach drücken. Die Teigscheiben mit einem scharfen Messer in je 6 »Tortenstücke« teilen.

3 Die Teigdreiecke auf ein mit Backpapier belegtes Blech legen und mit dem übrigen Mandeldrink bepinseln. Im Backofen (Mitte) bei 190° in ca. 20 Min. goldgelb backen, dann herausnehmen, vom Blech heben und auf einem Kuchengitter abkühlen lassen.

Für 26 Stück • 40 Min. Zubereitung • 45 Min. Tiefkühlen • 15 Min. Backen • Pro Stück ca. 90 kcal, 2 g E, 4 g F, 12 g KH

TRIPLE-SCHOKO-COOKIES

DREIFACH GUT

125 g Halbfettbutter
80 g Erythrit
1 TL gemahlene Vanille
2 Eier (M)
350 g Dinkelmehl (Type 630)
15 g Backpulver
40 g zuckerfreie Zartbitter-
und je 30 g Vollmilch- und
weiße Schoko-Drops

VORRATS-TIPP
Sie können eine der beiden Teigrollen im Tiefkühlfach belassen und nach Bedarf ofenfrische Cookies backen!

1 Halbfettbutter, Erythrit und gemahlene Vanille in einer Rührschüssel cremig aufschlagen. Die Eier einzeln unterrühren. In einer weiteren Schüssel das Mehl mit dem Backpulver und den Schoko-Drops gründlich vermischen. Die Mehlmischung zur Eiercreme geben und sämtliche Zutaten zu einem glatten Teig verkneten.

2 Den Teig in 2 gleich große Portionen teilen. Diese zu 2 Stangen à 20 cm Länge rollen und ca. 45 Min. in das Tiefkühlfach geben. So lassen sich die Rollen später besser schneiden und die Teiglinge laufen beim Backen weniger auseinander.

3 Am Ende der Kühlzeit ein Backblech mit Backpapier belegen. Die Teigrollen aus dem Tiefkühlfach nehmen und in jeweils 13 Scheiben schneiden. Die Teiglinge auf das vorbereitete Blech legen und im Ofen (Mitte) bei 175° ca. 15 Min. backen. Die fertigen Cookies vom Blech heben und auf einem Kuchengitter auskühlen lassen.

Für 1 Brot à 20 Scheiben • 45 Min. Zubereitung • 10 Min. + 1 Std. Gehen • 50 Min. Backen •
Pro Scheibe ca. 140 kcal, 4 g E, 4 g F, 21 g KH

SCHOKOBROT

MIT HEFE

50 g Datteln (entsteint)
200 ml Mandeldrink
500 g Dinkelmehl (Type 630)
21 g frische Hefe (½ Würfel)
2 Eier (M)
50 g zimmerwarme Halbfettbutter
Salz
75 g zuckerfreie Schoko-Drops
1 Eigelb (M)
25 g Mandelblättchen

AUSSERDEM
Kastenform (ca. 30 cm lang)
Mehl zum Arbeiten

CLEVER VARIIERT
Dieser Hefegrundteig ist ein wunderbares Basisrezept für verschiedene Hefebrote oder -zöpfe! Versuchen Sie es mal mit Nüssen oder Rosinen statt Schoko-Drops (s. Umschlagklappe »Perfekte Kombi«).

1 Datteln klein schneiden, in einen hohen Rührbecher geben und mit 50 ml warmem Wasser übergießen. Ungefähr 10 Min. stehen lassen, dann mit dem Pürierstab fein pürieren.

2 Den Mandeldrink handwarm erwärmen. Mit dem Mehl in eine Rührschüssel geben, die Hefe darüberbröckeln und kurz unterrühren. Den Vorteig abdecken und 10 Min. stehen lassen.

3 Anschließend Eier, pürierte Datteln, die Butter in Stückchen und 1 Prise Salz zum Vorteig geben, alles verkneten und abgedeckt ca. 1 Std. an einem warmen Ort gehen lassen.

4 Die Form mit Backpapier auslegen. Den Hefeteig auf die leicht bemehlte Arbeitsfläche geben, die Schoko-Drops unterkneten. Den Teig mit sanftem Druck in die vorbereitete Form drücken, sodass er gleichmäßig verteilt ist.

5 Das Eigelb in einer Schale verquirlen, die Teigoberfläche damit bepinseln und mit den Mandelblättchen bestreuen. Im Ofen (Mitte) bei 180° ca. 50 Min backen. Sollte die Oberseite zu dunkel werden, dann das Brot mit Backpapier abdecken und fertig backen. Auf einem Kuchengitter abkühlen lassen.

MINI-HAFERFLOCKENPIZZA

MIT OBST DER SAISON

FÜR DEN TEIG

70 g Halbfettmargarine
80 g zarte Haferflocken
30 g Dinkelmehl (Type 630)
1 TL Backpulver
40 g Erythrit

FÜR DEN BELAG

250 g Obst nach Wahl,
   z. B. Erdbeeren, Himbeeren und
   Kumquats
Minzeblättchen zum Verzieren
200 g Skyr
30 g Erythrit

AUSSERDEM

Mehl zum Arbeiten

TAUSCH-TIPP

Kalorienarme Alternativen zu Skyr, der leckeren Frischkäsezubereitung nach isländischem Vorbild, sind Magerquark oder fettarmer Joghurt.

1 Den Backofen auf 180° (Umluft) vorheizen. In einem Topf die Margarine bei kleiner Hitze anschmelzen. Währenddessen Haferflocken, Dinkelmehl, Backpulver und Erythrit in einer Rührschüssel miteinander vermischen. Die Margarine dazugeben und alle Zutaten zu einem homogenen Teig verrühren.

2 Ein Backblech mit Backpapier auslegen. Den Teig in 6 gleich große Portionen teilen und auf der leicht bemehlten Arbeitsfläche zu Talern mit ca. 8–10 cm Durchmesser ausrollen.

3 Die Taler auf das vorbereitete Blech setzen und mehrmals mit den Zinken einer Gabel einstechen. Im heißen Backofen ca. 15 Min. backen, dann herausnehmen und abkühlen lassen.

4 In der Zwischenzeit die Beeren und Minzeblättchen in einem Sieb kurz kalt abbrausen und vorsichtig trocken tupfen. Die Kumquats waschen. Erdbeeren und Kumquats vom Stielansatz befreien und in feine Scheiben schneiden.

5 Skyr in einer kleinen Schüssel mit dem Erythrit verrühren. Die abgekühlten Hafertaler mit der Skyr-Creme bestreichen und mit dem Obst sowie den Minzeblättchen garnieren.

QUARKBREZELN

KLASSIKER SÜSS VARIIERT

40 g Datteln (entsteint)
21 g frische Hefe (½ Würfel)
200 g Magerquark
1 Ei (M)
1 TL gemahlene Vanille
350 g Dinkelmehl (Type 630)

AUSSERDEM
Mehl zum Arbeiten
1 Eigelb zum Bepinseln

1 Datteln klein schneiden, in einen hohen Rührbecher geben und mit 30 ml warmem Wasser übergießen. Ungefähr 10 Min. stehen lassen, dann mit dem Pürierstab fein pürieren.

2 Die Hefe in eine Rührschüssel bröckeln. Die pürierten Datteln dazugeben, beides vermengen. Danach den Quark, das Ei, die gemahlene Vanille und das Mehl hinzufügen und sämtliche Zutaten zu einem glatten Teig verkneten. Den Hefeteig abgedeckt ca. 1 Std. an einem warmen Ort gehen lassen.

3 Anschließend den Teig auf der leicht bemehlten Arbeitsfläche noch einmal durchkneten und in 10 gleich große Portionen teilen. Sollte der Teig noch sehr klebrig sein, dann 2–3 EL Mehl hinzugeben und einarbeiten.

4 Den Backofen auf 175° (Umluft) vorheizen. Zwei Backbleche mit Backpapier auslegen. Die einzelnen Teigportionen jeweils auf ca. 30 cm Länge ausrollen und zu einer Brezel formen. Die Brezeln auf die vorbereiteten Backbleche geben.

5 Das Eigelb in einer kleinen Schale verquirlen. Die Brezeln damit bestreichen und im vorgeheizten Ofen in ca. 20–25 Min. goldgelb backen. Herausnehmen und auskühlen lassen.

Für 10 Stück • 10 Min. Zubereitung • Pro Stück ca. 50 kcal, 1 g E, 2 g F, 7 g KH

BUTTERMILCHWAFFELN

SCHNELL

100 g Halbfettmargarine
1 TL gemahlene Vanille
70 g Erythrit
2 Eier (M)
275 g Dinkelmehl (Type 630)
2 TL Backpulver
250 g Buttermilch
150 g gemischte Beeren (z. B.
    Himbeeren, Heidelbeeren)
150 g Joghurt (1,5 % Fett)
Waffeleisen

1 Margarine, gemahlene Vanille und Erythrit in einer Rührschüssel in 2–3 Min. schaumig aufschlagen. Die Eier einzeln unterrühren.

2 In einer weiteren Schüssel Mehl und Backpulver vermischen, dann über die Eiercreme sieben und zusammen mit der Buttermilch 2–3 Min. unterrühren, bis ein cremiger Teig entstanden ist.

3 Das Waffeleisen auf mittlere Hitze aufheizen, bei Bedarf mit etwas Margarine dünn einfetten. Den Teig portionsweise in das heiße Waffeleisen geben und zugedeckt in 3–4 Min. hellbraun und knusprig backen. Die fertigen Waffeln herausnehmen und auf einem vorgewärmten Teller abgedeckt warm halten.

4 Die Beeren in einem Sieb kurz abbrausen und vorsichtig trocken tupfen. Den Joghurt in einem Schälchen glatt verrühren. Zum Servieren die Waffeln mit je 1 EL Joghurt und den Beeren garnieren.

Für 10 Stück • 15 Min. Zubereitung • Pro Stück ca. 135 kcal, 4 g E, 4 g F, 20 g KH

APFEL-DINKELWAFFELN

FAMILIENHIT

50 g Halbfettmargarine
40 g Apfelmark
2 Eier (M)
180 g Dinkelmehl (Type 630)
½ Pck. Backpulver
2 TL Zimtpulver
180 ml Milch (1,5 % Fett)
2 Äpfel (ca. 300 g)
Waffeleisen

1 Margarine in einer Rührschüssel schaumig aufschlagen. Zunächst das Apfelmark und die Eier hinzufügen und unterrühren.

2 In einer weiteren Schüssel das Mehl mit dem Backpulver und Zimtpulver gründlich vermischen. Den Mehl-Mix über die Eiercreme sieben und zusammen mit der Milch unterrühren.

3 Die Äpfel schälen und vierteln, dabei das Kerngehäuse entfernen. Die Apfelviertel fein raspeln und unter den Waffelteig heben.

4 Das Waffeleisen auf mittlere Hitze aufheizen, bei Bedarf mit etwas Margarine dünn einfetten. Den Teig portionsweise in das heiße Waffeleisen geben und zugedeckt in 3–4 Min. hellbraun und knusprig backen. Die fertigen Waffeln herausnehmen und bis zum Servieren auf einem vorgewärmten Teller abgedeckt warm halten.

BEEREN-QUARKSCHNECKEN

EINFACH

FÜR DEN TEIG

130 g Dinkelmehl (Type 630)
½ Pck. Backpulver
130 g Magerquark
20 ml Mandeldrink
15 ml Öl
50 g Erythrit

FÜR DIE FÜLLUNG

200 g TK-Beerenmischung
1 EL Speisestärke

AUSSERDEM

Mehl zum Arbeiten
1 Eigelb zum Bestreichen

PRAXIS-TIPP

TK-Beeren lassen sich gut bevorraten, dazu ein Rezept, das ohne Hefe und längere Ruhezeiten auskommt – damit sind die Quarkschnecken die ideale Lösung, wenn sich spontan Besuch ankündigt.

1 Mehl und Backpulver in einer Rührschüssel miteinander vermischen. Quark, Mandeldrink, Öl und Erythrit dazugeben und alles zu einem Teig verarbeiten. 30 Min. ruhen lassen.

2 In der Zwischenzeit die TK-Beeren mit der Speisestärke und 2 EL kaltem Wasser in einem Topf verrühren, kurz aufkochen und dann 5–10 Min. bei kleiner Hitze köcheln lassen, bis die Flüssigkeit nahezu verdampft ist. Danach abkühlen lassen.

3 Den Teig auf der leicht bemehlten Arbeitsfläche zu einem Rechteck von ca. 20 × 15 cm ausrollen. Mit dem Beeren-Mix bestreichen und von der Längsseite her fest aufrollen.

4 Ein Backblech mit Backpapier belegen. Die Teigrolle in 10 Stücke schneiden und diese auf das Blech setzen.

5 Das Eigelb in einer Schale verquirlen, die Schnecken damit bestreichen. Im Ofen bei 175° (Umluft) in 15–20 Min. goldgelb backen. Dann herausnehmen und abkühlen lassen.

Für 18 Stück • 40 Min. Zubereitung • 10 Min. + 1 Std. + 15 Min. Gehen • 25 Min. Backen •
Pro Stück ca. 115 kcal, 3 g E, 5 g F, 14 g KH

NUSS-DATTEL-SCHNECKEN

KLASSIKER

FÜR DEN TEIG

40 g Datteln (entsteint)
100 ml Mandeldrink
350 g Dinkelmehl (Type 630)
21 g frische Hefe (½ Würfel)
1 Ei (M)
30 g Halbfettmargarine

FÜR DIE FÜLLUNG

40 g Halbfettmargarine
30 g Haselnussmus
40 g gemahlene Haselnusskerne
1 TL Zimtpulver

AUSSERDEM

Mehl zum Arbeiten

1 Datteln klein schneiden, in einen hohen Rührbecher geben und mit 30 ml warmem Wasser übergießen. Ungefähr 10 Min. stehen lassen, dann mit dem Pürierstab fein pürieren.

2 Den Mandeldrink handwarm erwärmen. Mit dem Mehl in eine Rührschüssel geben, die Hefe darüberbröckeln und kurz unterrühren. Den Vorteig abdecken und 10 Min. stehen lassen.

3 Anschließend das Ei, das Dattelmus und die Margarine in Flöckchen zum Vorteig geben, alles verkneten und den Teig abgedeckt ca. 1 Std. an einem warmen Ort gehen lassen.

4 Inzwischen die Margarine und das Haselnussmus in einem Topf erwärmen und schmelzen lassen, danach vom Herd nehmen. Gemahlene Haselnusskerne und Zimt einrühren.

5 Den Ofen auf 200° (Umluft) vorheizen. Ein Backblech mit Backpapier belegen. Den Teig am Ende der Gehzeit auf der leicht bemehlten Arbeitsfläche zu einem Rechteck von ca. 30 × 25 cm ausrollen. Die Nussfüllung darauf verstreichen.

6 Den Teig von der Längsseite her fest aufrollen, in 18 Stücke aufteilen und diese auf das vorbereitete Blech setzen. Mit einem Tuch abdecken und ca. 15 Min. ruhen lassen.

7 Anschließend die Nuss-Dattel-Schnecken im vorgeheizten Ofen 20–25 Min. backen, bis sie leicht gebräunt sind. Dann herausnehmen und auf einem Kuchengitter abkühlen lassen.

Für 12 Stück • 25 Min. Zubereitung • 20 Min. Backen • Pro Stück ca. 155 kcal, 4 g E, 5 g F, 22 g KH

APFEL-ZIMT-MUFFINS

FÜR ZWISCHENDURCH

500 g Äpfel
125 g zimmerwarme Halbfett-
　butter
80 g Erythrit
1 TL gemahlene Vanille
Salz
2 Eier (M)
250 g Dinkelmehl (Type 630)
½ Pck. Backpulver
3 TL Zimtpulver
12er-Muffinform
12 Muffin-Papierförmchen
nach Belieben Pudererythrit
　zum Bestäuben

1 Die Äpfel vierteln, dabei das Kerngehäuse entfernen. Die Apfel-viertel schälen und in kleine Würfel schneiden.

2 Den Backofen auf 200° (Umluft) vorheizen. Halbfettbutter, Erythrit, gemahlene Vanille und 1 Prise Salz in einer Rührschüssel in 3–4 Min. schaumig aufschlagen. Die Eier einzeln unterrühren.

3 In einer weiteren Schüssel das Mehl mit dem Backpulver und Zimtpulver vermischen, dann über die Eiercreme sieben und unter-rühren. Die Apfelscheibchen zum Schluss unterheben.

4 Die Muffinform mit Papierförmchen auslegen. Den Teig auf die Förmchen verteilen und im vorgeheizten Backofen in 15–20 Min. goldgelb backen. Fertige Muffins herausnehmen und abkühlen lassen. Zum Servieren nach Belieben mit Pudererythrit bestäuben.

Für 12 Stück • 30 Min. Zubereitung • 10 Min. Backen • Pro Portion ca. 50 kcal, 4 g E, 1 g F, 5 g KH

ERDBEER-TARTELETTES

SOMMERREZEPT

*6 rechteckige Yufkateigplatten
à 30 × 20 cm (ersatzweise
Filoteigplatten)
300 g Skyr
2 TL gemahlene Vanille
30 g Erythrit
250 g Erdbeeren
12er-Muffinform
Halbfettmargarine zum Fetten
der Form*

1 Den Backofen auf 170° (Umluft) vorheizen. Die Muffinform bei Bedarf einfetten. Die Teigplatten jeweils in 6 gleich große Vierecke schneiden. Je 3 Teigstücke in den Vertiefungen der Muffinform so übereinanderlegen, dass die Ecken versetzt zueinander sind.

2 Die Tartelettes im heißen Ofen ca. 8–10 Min. backen, bis die Teigspitzen leicht gebräunt sind. Herausnehmen und abkühlen lassen.

3 In der Zwischenzeit Skyr, gemahlene Vanille und Erythrit in einer Schüssel glatt verrühren. Erdbeeren abbrausen, vorsichtig trocken tupfen, von den Stielansätzen befreien und klein würfeln.

4 Zum Servieren die Skyr-Creme gleichmäßig auf die abgekühlten Yufka-Tartelettes verteilen und mit den Erdbeerwürfeln garnieren.

KUCHEN & TORTEN

HIMBEER-KAKAO-ROLLE

FÜR GÄSTE

FÜR DEN TEIG
4 Eier (M)
60 g Erythrit
2 TL Vanillezucker
50 g Dinkelmehl (Type 630)
50 g Speisestärke
1 TL Backpulver
30 g Kakaopulver
50 g Zucker

FÜR DIE FÜLLUNG
150 g Himbeeren
2 TL gemahlene Gelatine
150 g aufschlagbare Pflanzencreme
1 Pck. Sahnefestiger
200 g Magerquark
80 g Pudererythrit

AUSSERDEM
Pudererythrit zum Bestäuben

PRAXIS-TIPP
Pudererythrit lässt sich ganz einfach selbst herstellen. Dazu die entsprechende Menge Erythrit im Blitzhacker oder Mixer zu feinem Puder zermahlen.

1 Den Ofen auf 220° (Umluft) vorheizen. Ein Backblech mit Backpapier auslegen. Für den Teig die Eier trennen. Eigelbe mit Erythrit, Vanillezucker und 4 EL warmem Wasser schaumig aufschlagen. Mehl, Speisestärke, Backpulver und Kakao gut vermischen, dann über die Eiermasse sieben und unterrühren. Zuletzt die Eiweiße steif schlagen, dabei 40 g Zucker einrieseln lassen. Den Eischnee unter den Teig heben. Den Biskuitteig auf das vorbereitete Blech geben, gleichmäßig bis zum Rand verstreichen und im heißen Ofen ca. 12 Min. backen.

2 Anschließend einen Bogen Backpapier mit übrigem Zucker bestreuen. Biskuit aus dem Ofen nehmen und vorsichtig daraufstürzen. Das obere Backpapier mit kaltem Wasser bepinseln und ablösen. Den Biskuit sofort aufrollen und abkühlen lassen.

3 Für die Füllung die Himbeeren kalt abbrausen und trocken tupfen. Die Gelatine mit 3 EL Wasser in einem Topf verrühren und 10 Min. stehen lassen. Unterdessen die Pflanzencreme mit dem Sahnefestiger steif schlagen. Quark und Pudererythrit hinzufügen und kurz unterrühren. Die Gelatine bei kleiner Hitze erwärmen, bis sie sich vollständig aufgelöst hat. Nun zunächst 2 EL von der Quarkcreme unter die Gelatine rühren und erst dann den Gelatine-Mix unter die restliche Creme ziehen.

4 Biskuit ausrollen, mit der Quarkcreme bestreichen, mit den Himbeeren belegen und wieder aufrollen. Die Himbeer-Kakao-Rolle ca. 3 Std. in den Kühlschrank stellen. Zum Servieren in etwa 20 Stücke schneiden und mit Pudererythrit bestäuben.

Für 24 Stücke • 40 Min. Zubereitung • 20 Min. Backen • 2 Std. Kühlen • Pro Stück ca. 85 kcal, 2 g E, 5 g F, 8 g KH

SCHOKO-ZITRONEN-KUCHEN

ERFRISCHEND ANDERS

120 g Halbfettbutter
4 Eier (M)
120 g Erythrit
Schale von 1 Bio-Zitrone
30 ml Zitronensaft
100 g Dinkelmehl (Type 630)
50 g Speisestärke
½ Pck. Backpulver
Salz
120 g zuckerfreie Schoko-
  Drops
25 g Kokosöl
rechteckige Backform
  (ca. 35 × 25 cm)

1 Ofen auf 200° (Umluft) vorheizen, dabei die Butter schmelzen lassen. Die Form mit Backpapier auslegen. Für den Teig die Eier trennen. Eigelbe und Erythrit in 2–3 Min. schaumig aufschlagen. Zerlassene Butter, Zitronenschale und -saft unterrühren. Mehl, Stärke und Backpulver mischen, über die Eiermasse sieben und unterrühren. Die Eiweiße mit 1 Prise Salz steif schlagen und unterheben.

2 Den Biskuitteig in die vorbereitete Form geben, gleichmäßig bis zum Rand verstreichen und im heißen Ofen in ca. 20 Min. goldgelb backen. Danach herausnehmen und abkühlen lassen.

3 Schoko-Drops und Kokosöl in einer hitzefesten Schüssel über dem heißen Wasserbad schmelzen und gut verrühren. Dann auf den ausgekühlten Kuchen geben, glatt und gleichmäßig verstreichen. Etwa 2 Std. kühl stellen, damit die Schokoladenschicht fest wird. Zum Servieren den Schoko-Zitronen-Kuchen in 24 Stücke teilen.

Für 24 Stücke • 30 Min. Zubereitung • 20 Min. Backen • Pro Stück ca. 100 kcal, 4 g E, 4 g F, 12 g KH

MANDEL-HEIDELBEER-KUCHEN

BEERENSTARK

100 g Halbfettbutter
5 Eier (M)
150 g Erythrit
350 g Dinkelmehl (Type 630)
1 Pck. Backpulver
150 ml Mandeldrink
250 g Heidelbeeren
40 g Mandelblättchen
Puderzucker zum Bestäuben
rechteckige Backform
*   (ca. 35 × 25 cm)*

1 Den Ofen auf 180° (Umluft) vorheizen, dabei die Butter schmelzen lassen. Die Form mit Backpapier auslegen. Für den Teig die Eier trennen. Eigelbe und Erythrit in ca. 5 Min. schaumig aufschlagen. Geschmolzene Butter unterrühren. Mehl und Backpulver vermischen, über die Eiermasse sieben und im Wechsel mit dem Mandeldrink unter den Teig rühren. Eiweiße steif schlagen und unterheben.

2 Biskuitteig in die vorbereitete Form geben und gleichmäßig bis zum Rand verstreichen. Die Heidelbeeren abbrausen, trocken tupfen und auf dem Teig verteilen. Dann alles mit den Mandelblättchen bestreuen und im heißen Ofen in ca. 20 Min. goldgelb backen.

3 Den fertig gebackenen Kuchen aus dem Backofen nehmen und vollständig auskühlen lassen. Zum Servieren in 24 Stücke schneiden und mit etwas Puderzucker bestäuben.

PFIRSICH-MANDEL-SCHNITTEN

WINTERREZEPT

FÜR DEN TEIG

4 Eier (M)
70 g Erythrit
120 g Dinkelmehl (Type 630)
½ Pck. Backpulver
Salz

FÜR DEN BELAG

1 Dose Tortenpfirsiche (500 g)
2 Pck. Vanillepuddingpulver
70 g Erythrit
50 g Mandelblättchen
350 g aufschlagbare Pflanzencreme
2 Pck. Sahnefestiger

AUSSERDEM

rechteckige Backform
  (ca. 35 × 25 cm)

> ### TAUSCH-TIPP
> Probieren Sie die Mandel-Schnitten zur Abwechslung auch mal mit Kirschen oder Mandarinen. Es lohnt sich!

1 Den Ofen auf 175° vorheizen. Die Form mit Backpapier auslegen. Für den Teig die Eier trennen. Eigelbe und Erythrit in 3–4 Min. schaumig aufschlagen. Mehl und Backpulver gut vermischen, über die Eiermasse sieben und unterrühren. Die Eiweiße mit 1 Prise Salz steif schlagen und unterheben. Den Biskuitteig in die vorbereitete Form geben, gleichmäßig bis zum Rand verstreichen und im heißen Ofen ca. 20 Min. backen. Anschließend herausnehmen und abkühlen lassen.

2 Inzwischen die Tortenpfirsiche in ein Sieb abgießen, den Saft dabei auffangen. Die Pfirsiche in kleine Stücke schneiden. Den Pfirsichsaft mit Wasser auf insgesamt 600 ml auffüllen, davon 8 Esslöffel mit dem Puddingpulver und 30 g Erythrit glatt rühren. Den übrigen Pfirsichsaft in einem Topf aufkochen, dann das angerührte Puddingpulver dazugeben und zügig unterrühren, damit sich keine Klümpchen bilden. Zum Schluss die Pfirsichstückchen unter den Pudding heben und diesen auf dem Biskuitboden verteilen. Den Kuchen ca. 2 Std. in den Kühlschrank stellen, bis die Masse fest geworden ist.

3 Vor dem Servieren die Mandelblättchen in einer Pfanne ohne Fett bei mittlerer Hitze rösten, bis sie zu duften beginnen. Herausnehmen und beiseitestellen. Die Pflanzencreme zusammen mit dem Sahnefestiger sehr steif schlagen, übrigen Erythrit einrieseln lassen. Die Creme auf der Pfirsichmasse verteilen und mit den gerösteten Mandelblättchen bestreuen.

Für 24 Stücke • 1 Std. 30 Min. Zubereitung • 15 Min. Backen • 2 Std. Kühlen • Pro Stück ca. 125 kcal, 3 g E, 8 g F, 10 g KH

SCHWARZWÄLDER-SCHNITTEN

KLASSIKER

FÜR DEN TEIG

4 Eier
100 g Erythrit
1 TL gemahlene Vanille
6 Tropfen Bittermandelaroma
50 g Dinkelmehl (Type 630)
50 g Speisestärke
2 TL Backpulver
30 g Kakaopulver
2 cl Kirschwasser

FÜR DEN BELAG

2 Gläser Sauerkirschen (natursüß)
4 EL Speisestärke
800 g aufschlagbare Pflanzencreme
2 Pck. Sahnefestiger
60 g Erythrit
30 g zuckerfreie Schokoraspel

1 Den Backofen auf 200° (Umluft) vorheizen. Ein Backblech mit Backpapier auslegen. Für den Teig die Eier trennen. Die Eigelbe mit Erythrit, gemahlener Vanille, Bittermandelaroma und 4 EL warmem Wasser schaumig aufschlagen. Dann das Mehl, die Speisestärke, das Backpulver und den Kakao gut vermischen, über die Eiermasse sieben und unterrühren. Zum Schluss die Eiweiße steif schlagen und unter den Teig heben.

2 Den Teig auf das vorbereitete Blech geben, gleichmäßig bis zum Rand verstreichen und im vorgeheizten Backofen 10–15 Min. backen. Danach herausnehmen und vollständig abkühlen lassen. Den Biskuitboden mit den Zinken einer Gabel mehrfach einstechen und mit dem Kirschwasser beträufeln.

3 Für den Belag die Sauerkirschen in ein Sieb abgießen, den Saft dabei auffangen. Davon 4 EL mit der Stärke verrühren. Den restlichen Kirschsaft erhitzen, die angerührte Stärke untermischen und alles kurz aufkochen lassen. Dann vom Herd nehmen und die Sauerkirschen unterheben. Die Kirschmasse auf dem Biskuitboden verteilen und abkühlen lassen.

4 Die Pflanzencreme zusammen mit dem Sahnefestiger sehr steif schlagen, dabei den Erythrit einrieseln lassen. Die Creme auf der Kirschmasse verteilen. Den Kuchen mindestens 2 Std. in den Kühlschrank stellen. Vor dem Servieren in 24 Stücke teilen und mit der geraspelten Schokolade verzieren.

MANDARINEN-SCHMAND-KUCHEN

SCHMECKT SOMMERS WIE WINTERS

FÜR DEN TEIG
3 Eier (M)
100 g Erythrit
120 g Dinkelmehl (Type 630)
2 TL Backpulver
6 EL Milch (1,5 % Fett)

FÜR DIE FÜLLUNG
1 Dose Mandarinen (natursüß)
100 g aufschlagbare Pflanzencreme
1 Pck. Sahnefestiger
80 g Erythrit
250 g Magerquark
200 g Schmand
1 TL gemahlene Vanille
Schale und Saft von einer Bio-
  Limette

AUSSERDEM
Springform (ca. 28 cm Durchmesser)

1 Ofen auf 175° (Umluft) vorheizen. Die Form mit Backpapier auslegen. Für den Teig Eier und Erythrit in eine Rührschüssel geben und in ca. 10 Min. schaumig aufschlagen. In einer weiteren Schüssel Mehl und Backpulver mischen, über die Eiermasse sieben und im Wechsel mit der Milch unterrühren.

2 Den Teig in die vorbereitete Form geben, gleichmäßig bis zum Rand verstreichen und im vorgeheizten Ofen in 8–10 Min. goldgelb backen. Danach herausnehmen und abkühlen lassen.

3 Die Mandarinen in ein Sieb abgießen, den Saft anderweitig verwenden. Die Pflanzencreme zusammen mit dem Sahnefestiger sehr steif schlagen, Erythrit dabei einrieseln lassen. Quark, Schmand, gemahlene Vanille und Limettensaft hinzufügen und unterrühren. Einige Mandarinen für die Deko beiseitestellen, die restlichen zum Teig geben und behutsam unterheben.

4 Die Creme auf den abgekühlten Tortenboden geben und glatt verstreichen, die beiseitegestellten Mandarinen darauf verteilen. Mindestens 2 Std. kühl stellen. Vor dem Servieren in 14 Stücke teilen und mit der Limettenschale verzieren.

Für 12 Stücke • 1 Std. Zubereitung • 30 Min. Kühlen • 1 Std. 15 Min. Backen • 8 Std. Abkühlen •
Pro Stück ca. 190 kcal, 3 g E, 6 g F, 29 g KH

APFELSAFTTORTE

GUT VORZUBEREITEN

FÜR DEN TEIG

250 g Dinkelmehl (Type 630)
1 Pck. Backpulver
100 g Erythrit
100 g Halbfettmargarine
1 Ei (M)

FÜR DEN BELAG

4 mittelgroße Äpfel
2 Pck. Vanillepuddingpulver
700 ml Apfelsaft (natursüß)
200 g aufschlagbare Pflanzencreme
1 Pck. Sahnefestiger
2 EL Erythrit

AUSSERDEM

Springform (ca. 28 cm Durchmesser)
Halbfettmargarine zum Einfetten
Zimtpulver zum Bestäuben

1 Mehl, Backpulver und Erythrit in einer Rührschüssel mischen. Die Margarine in Flöckchen dazugeben, das Ei hinzufügen und sämtliche Zutaten flott zu einem Mürbeteig verkneten. Den Teig 20–30 Min. im Kühlschrank ruhen lassen.

2 Anschließend den Backofen auf 175° (Umluft) vorheizen. Die Form fetten, den Mürbeteig hineingeben, mit den Händen gleichmäßig glatt drücken und am Rand leicht hochziehen. Die Äpfel vierteln, vom Kerngehäuse befreien und klein würfeln. Die Apfelwürfel auf dem Teigboden verteilen.

3 In einem Becher das Puddingpulver mit 6 EL Apfelsaft glatt verrühren. Den restlichen Apfelsaft in einen Topf füllen und zum Kochen bringen. Dann das angerührte Puddingpulver hinzufügen, untermischen und 1–2 Min. köcheln lassen, bis die Masse eindickt. Den Pudding auf den Apfelwürfeln verteilen.

4 Die Form in den heißen Ofen setzen und den Kuchen etwa 1 Std. 15 Min. backen. Im ausgeschalteten Ofen über Nacht auskühlen lassen, damit der Kuchen nicht brüchig wird.

5 Am nächsten Tag die Pflanzencreme mit dem Sahnefestiger sehr steif schlagen, Erythrit dabei einrieseln lassen. Vor dem Servieren die Creme auf dem Kuchen verteilen, diesen in 12 Stücke schneiden und mit Zimtpulver bestäuben.

Für 30 Stücke • 1 Std. Zubereitung • 10 Min. Backen • 30 Min. Abkühlen • Pro Stück ca. 145 kcal, 2 g E, 3 g F, 18 g KH

APFEL-SPEKULATIUS-SCHNITTEN

WINTERREZEPT

FÜR DEN TEIG

4 Eier (M)
Salz
100 g Erythrit
120 g Dinkelmehl (Type 630)
40 g Speisestärke

FÜR DEN BELAG

600 g Äpfel
2 TL Zimtpulver
2 Pck. Vanillepuddingpulver
800 ml Apfelsaft (naturtrüb)
500 g aufschlagbare Pflanzencreme
2 Pck. Sahnefestiger
30 g Erythrit
30 zuckerfreie Spekulatius (z. B.
*   von Coppenrath)*

AUSSERDEM

rechteckige Springform
*   (ca. 35 × 25 cm)*

1 Die Eier in eine Rührschüssel aufschlagen, 1 Prise Salz und Erythrit hinzufügen und sämtliche Zutaten in der Küchenmaschine in ca. 10–12 Min. schaumig aufschlagen. Je länger die Eier schaumig gerührt werden, desto fluffiger wird der Teig.

2 Den Backofen auf 180° vorheizen. In einer zweiten Schüssel Mehl und Speisestärke vermischen, dann über die Eiermasse sieben und mit einem Kochlöffel behutsam unterheben.

3 Die Form mit Backpapier auslegen. Den Teig daraufgeben, glatt und gleichmäßig verstreichen und im heißen Backofen ca. 10 Min. backen. Herausnehmen und abkühlen lassen.

4 Inzwischen die Äpfel vierteln, dabei das Kerngehäuse entfernen. Die Apfelviertel schälen und grob würfeln. In einer Pfanne 5 EL Wasser mit dem Zimtpulver verrühren und erhitzen. Die Apfelwürfel darin in ca. 10 Min. weich dünsten.

5 Währenddessen den Vanillepudding mit dem Apfelsaft nach Packungsanweisung zubereiten. Die gedünsteten Äpfel unter den Vanillepudding rühren, die Masse auf dem abgekühlten Tortenboden verteilen, kalt und fest werden lassen.

6 Die Pflanzencreme zusammen mit dem Sahnefestiger sehr steif schlagen, Erythrit dabei einrieseln lassen. Die Creme auf der Apfelmasse verteilen. Kurz vor dem Servieren die Spekulatius obenauf legen und die Torte in 30 Stücke schneiden.

DESSERTS & SÜSSSPEISEN

Für 8 Stücke • 40 Min. Zubereitung • 2 Std. Tiefkühlen • Pro Stück ca. 140 kcal, 6 g E, 7 g F, 11 g KH

FROZEN JOGHURT BARS

SOMMERREZEPT

80 g Datteln (entsteint)
50 g Mandeln
40 g Mandelmus
20 g Kakaopulver
250 g griech. Joghurt (0,1 % Fett)
30 g Erythrit
150 g Himbeeren (frisch oder TK)

AUSSERDEM
rechteckige Form (ca. 25 × 15 cm),
*   tiefkühlgeeignet*

1 Die Datteln und Mandeln im Blitzhacker zerkleinern. Das Mandelmus und das Kakaopulver dazugeben und sämtliche Zutaten zu einer homogenen Masse mixen.

2 Einen Bogen Backpapier leicht anfeuchten und zerknüllen. Dann wieder entfalten und die Form damit auslegen. Den Dattel-Mix daraufgeben und in die Form drücken. Je fester Sie die Masse andrücken, desto besser hält später der Boden.

3 Joghurt und Erythrit in eine Rührschüssel geben und glatt verrühren, dann auf der Dattelmasse verteilen.

4 Die Beeren mit 1–2 EL Wasser in einen Topf geben, kurz aufkochen und so lange bei geringer Hitze köcheln lassen, bis die Flüssigkeit größtenteils verdampft ist. Abkühlen lassen. Danach auf der Joghurtschicht verteilen.

5 Die Form mindestens 2 Std. in das Tiefkühlfach geben, bis alle Schichten komplett ausgehärtet sind. Dann herausnehmen und den Inhalt in 8 Stücke teilen. Die Joghurt Bars in eine Box geben und bis zum Servieren tiefgekühlt aufbewahren.

ZITRONENMOUSSE

FRUCHTIG-FRISCH

100 ml Zitronensaft
125 g Erythrit
50 g Zucker
2 TL fein abgeriebene Schale
   von 1 Bio-Zitrone
1 Pck. Fertiggelatine
800 g griech. Joghurt (0,1 % Fett)
400 g aufschlagbare Pflanzencreme
2 Pck. Sahnefestiger
40 g Walnusskerne
20 g Pistazienkerne

AUSSERDEM
12 Dessertgläser (à 150 ml)

1 Den Zitronensaft zusammen mit 75 g Erythrit, 25 g Zucker und der Zitronenschale in einen Topf geben und verrühren. Alles 10 Min. bei kleiner Hitze köcheln lassen, dann den Herd ausschalten und den Sirup kurz abkühlen lassen.

2 Die Gelatine unter den Sirup rühren und diesen wieder erwärmen, bis sich die Gelatine vollständig aufgelöst hat. Den griechischen Joghurt in eine Rührschüssel geben, die Zitronen-Gelatine-Masse einfließen lassen und unterrühren.

3 Die Pflanzencreme zusammen mit 50 g Erythrit und dem Sahnefestiger in einen hohen Rührbecher geben und mit den Rührbesen des Handrührgeräts steif schlagen. Dann unter den Joghurt heben und die Mousse auf die Dessertgläser verteilen.

4 Die Walnuss- und Pistazienkerne separat grob hacken. Eine kleine Pfanne erhitzen. Die Walnüsse mit dem übrigen Zucker und 2–3 EL Wasser darin karamellisieren, bis sie gebräunt sind. Mit den gehackten Pistazien auf der Zitronenmousse verteilen.

Für 6 Dessertgläser (à 150 ml) • 30 Min. Zubereitung • Pro Portion ca. 180 kcal, 12 g E, 7 g F, 14 g KH

KOKOS-HIMBEER-DESSERT

SCHNELL

250 g Magerquark
250 g griech. Joghurt
  (0,1 % Fett)
75 g Kokosmilch (fettreduziert)
20 g Kokosraspel
40 g Erythrit
6 Zwiebäcke
400 g Himbeeren
20 g Kokos-Chips
6 Dessertgläser (à 150 ml)

1 Quark, Joghurt, Kokosmilch und Kokosraspel in eine Schüssel geben. Erythrit hinzufügen und mit den Rührbesen des Handrührgeräts so lange unterrühren, bis er sich komplett aufgelöst hat.

2 Zwieback in einen Gefrierbeutel füllen und diesen fest verschließen. Den Zwieback mit dem Nudelholz nicht zu fein zerbröseln.

3 Die Himbeeren kurz abbrausen und vorsichtig trocken tupfen. 300 g davon pürieren, den Rest für die Garnierung beiseitelegen.

4 Den zerbröselten Zwieback gleichmäßig auf die Dessertgläser verteilen. Die Quark-Joghurt-Masse und die pürierten Himbeeren im Wechsel daraufschichten. Zum Servieren das Dessert mit den restlichen Himbeeren und den Kokos-Chips dekorieren.

Für 6 Dessertgläser (à 150 ml) • 30 Min. Zubereitung • Pro Portion ca. 215 kcal, 17 g E, 4 g F, 24 g KH

APFEL-JOGHURT-DESSERT

CRUNCHY

400 g Äpfel
3 TL Zimtpulver
500 g griech. Joghurt
   (0,1 % Fett)
250 g Magerquark
60 g Apfelmark
60 g zarte Haferflocken
Erythrit (nach Belieben)
40 g Kerne-Saaten-Mix
   (z. B. aus Sonnenblumen-
   kernen, Leinsamen, Mandeln, Kürbiskernen)
6 Dessertgläser (à 150 ml)

1 Äpfel vierteln, dabei die Kerngehäuse entfernen. Die Apfelviertel schälen, fein würfeln. Mit dem Zimtpulver und 4–5 EL Wasser in eine Pfanne geben, kurz aufkochen und in 5–10 Min. bei geringer Hitze weich garen. Dann vom Herd nehmen und abkühlen lassen.

2 Joghurt, Quark, Apfelmark und Haferflocken in eine Schüssel geben und miteinander verrühren. Optional mit Erythrit süßen.

3 Zum Servieren das Joghurt-Quark-Gemisch gleichmäßig auf die Dessertgläser verteilen. Die gedünsteten Zimtäpfel obenauf geben und alles mit dem Kerne-Saaten-Mix bestreuen.

Für 6 Dessertgläser (à 150 ml) • 30 Min. Zubereitung • Pro Portion ca. 175 kcal, 8 g E, 5 g F, 24 g KH

SCHWARZWÄLDER-DESSERT

KLASSIKER

FÜR DEN TEIG

60 g Dinkelmehl (Type 630)
1 TL Backpulver
10 g Kakaopulver
20 g Erythrit
90 ml Mandeldrink (ungesüßt)

FÜR DIE CREME

1 kleines Glas Sauerkirschen
*   (370 g; natursüß)*
½ Pck. Vanillepuddingpulver
100 g aufschlagbare Pflanzencreme
1 Pck. Sahnefestiger
50 g Erythrit
250 g Magerquark
15 g zuckerfreie Schokoraspel

AUSSERDEM

Auflaufform (ca. 20 × 20 cm)
6 Dessertschalen (à 150 ml)

1 Backofen auf 175° (Umluft) vorheizen. Mehl, Backpulver und Kakaopulver in eine Rührschüssel sieben und vermischen. Erythrit und Mandeldrink hinzufügen und sämtliche Zutaten zu einem glatten Teig verrühren. In die Form füllen und im vorgeheizten Backofen ca. 15 Min. backen. Abkühlen lassen.

2 Währenddessen die Kirschen in ein Sieb abgießen, den Saft dabei auffangen. Den Vanillepudding mit 200 ml Kirschsaft nach Packungsanweisung zubereiten. Die Sauerkirschen dazugeben und unterrühren. Das Kompott abkühlen lassen.

3 Die Pflanzencreme zusammen mit dem Sahnefestiger in einen hohen Rührbecher geben und sehr steif schlagen, Erythrit dabei einrieseln lassen. Den Quark unterrühren.

4 Den abgekühlten Schokoboden grob zerkrümeln und die Brösel gleichmäßig auf die Dessertschalen verteilen. Das Kirschkompott und die Quark-Sahne-Masse abwechselnd daraufschichten. Mit Schokoraspeln bestreut servieren.

TUNING-TIPP

Mit Schuss: Optional können Sie den dunklen Boden nach dem Abkühlen mehrmals mit der Gabel einstechen und mit Kirschwasser beträufeln.

Für 40 Stück • 1 Std. Zubereitung • Pro Stück ca. 35 kcal, 1 g E, 1 g F, 5 g KH

ERDBEER-SUSHI

FÜR GÄSTE

*300 g Kokosmilch
(fettreduziert)
160 g Sushi-Reis (trocken)
90 g Erythrit
1 Ei (M)
150 ml Mandeldrink
Salz
80 g Dinkelmehl (Type 630)
1 EL Kakaopulver
250 g Erdbeeren
Sushi-Matte zum Rollen
Öl zum Fetten der Pfanne*

1 Kokosmilch in einem Topf kurz aufkochen. Reis und 60 g Erythrit unterrühren. Alles ca. 30 Min. bei kleiner Hitze köcheln lassen. Bei Bedarf nach und nach einige Esslöffel Wasser dazugeben.

2 Das Ei mit dem restlichen Erythrit, dem Mandeldrink, 1 Prise Salz, Mehl und Kakao glatt verrühren. Eine beschichtete Pfanne dünn mit Öl auspinseln und erhitzen. Dann nacheinander je ein Viertel des Teigs hineingießen, durch Schwenken verteilen und in 2–3 Min. zu 4 dünnen Crêpes backen. Herausnehmen und abkühlen lassen.

3 Erdbeeren abbrausen, trocken tupfen, von den Stielansätzen befreien und würfeln. Nun die Crêpes jeweils zu einem Rechteck zuschneiden, dünn mit dem Sushi-Reis bestreichen und je ein Viertel der Erdbeeren in einer Linie darauf verteilen. Die Crêpes mithilfe der Sushi-Matte aufrollen und festdrücken. Zum Servieren die Rollen in je 10 Scheiben schneiden und auf einer Platte anrichten.

Für 6 Stücke • 40 Min. Zubereitung • 30 Min. Kühlen • Pro Stück ca. 130 kcal, 11 g E, 3 g F, 12 g KH

ERDBEER-LASAGNE

FRUCHTIG-LEICHT

10 g Halbfettmargarine
2 Eier (M)
60 g Erythrit
75 ml Mandeldrink
Salz
50 g Dinkelmehl (Type 630)
250 g Skyr
150 g Magerquark
1 TL gemahlene Vanille
300 g Erdbeeren
Öl zum Fetten der Pfanne
Auflaufform (ca. 18 × 24 cm)

1 Die Halbfettmargarine in einem Topf bei kleiner Hitze schmelzen. Dann mit den Eiern, 10 g Erythrit, dem Mandeldrink, 1 Prise Salz und dem Mehl zu einem glatten Teig verrühren. 30 Min. kühl stellen. Anschließend eine beschichtete Pfanne dünn mit Öl auspinseln und erhitzen. Nacheinander je ein Viertel des Teigs hineingießen, durch Schwenken verteilen und in je 2–3 Min. zu 4 Crêpes backen.

2 Skyr, Quark, restlichen Erythrit und Vanille glatt verrühren. Erdbeeren abbrausen, trocken tupfen und von den Stielansätzen befreien. 100 g pürieren, den Rest in Scheiben schneiden.

3 Crêpes auf die Größe der Form zuschneiden. Den Boden der Form mit etwas Quarkmasse bedecken, dann abwechselnd je ein Viertel Erdbeeren, ein Crêpe und wieder etwas Quarkmasse in die Form schichten. Das Erdbeermus daraufgeben und für den Marmoreffekt mit einer Gabel verswirlen. Bis zum Servieren kühl stellen.

OFENPFANNKUCHEN

SCHMECKT WARM UND KALT

200 g Joghurt (0,1 % Fett)
3 Eier (M)
50 g Erythrit
90 g Dinkelmehl (Type 630)
10 g Backpulver
100 g Heidelbeeren
1 TL Zimtpulver

TAUSCH-TIPP

Der Ofenpfannkuchen schmeckt auch prima mit Himbeeren oder klein gewürfelten Äpfeln und Birnen anstelle der Heidelbeeren.

1 Joghurt, Eier und Erythrit in einer Rührschüssel verrühren. In einer weiteren Schüssel das Mehl mit dem Backpulver vermischen. Den Mehl-Mix zu der Joghurt-Eier-Masse dazugeben und sämtliche Zutaten zu einem glatten Teig verarbeiten.

2 Den Backofen auf 175° vorheizen. Ein Backblech mit Backpapier auslegen. Die Heidelbeeren kurz abbrausen und behutsam trocken tupfen. Den Teig auf das vorbereitete Blech geben und gleichmäßig bis zum Rand verstreichen. Die Heidelbeeren auf dem Teig verteilen und mit dem Zimt bestäuben.

3 Im vorgeheizten Backofen (Mitte) in ca. 20 Min. goldgelb backen. Anschließend herausnehmen und den noch warmen Ofenpfannkuchen auf einen zweiten Bogen Backpapier stürzen. Das obere Backpapier mit etwas kaltem Wasser bepinseln und abziehen. Den Ofenpfannkuchen mithilfe des zweiten Backpapiers aufrollen. Zum Servieren in Scheiben schneiden und nach Belieben mit frischen Heidelbeeren garnieren.

Für 12 Stück • 25 Min. Zubereitung • 25 Min. Backen • Pro Stück ca. 115 kcal, 3 g E, 5 g F, 14 g KH

BROMBEER-BLONDIES

EINFACH

30 g zuckerfreie weiße Schoko-
    Drops
80 g Halbfettmargarine
60 g Erythrit
2 Eier (M)
200 g Dinkelmehl (Type 630)
½ Pck. Backpulver
150 g Brombeeren
Auflaufform (ca. 30 × 20 cm)
Halbfettmargarine zum Fetten
    der Form

1 Den Backofen auf 180° (Umluft) vorheizen. Die Schoko-Drops in eine hitzefeste Schüssel geben und über dem heißen Wasserbad schmelzen. Halbfettmargarine und Erythrit in einer Rührschüssel in 3–4 Min. schaumig aufschlagen. Die geschmolzenen Schoko-Drops zusammen mit den Eiern dazugeben und unterrühren.

2 In einer weiteren Schüssel Mehl und Backpulver vermischen. Den Mehl-Mix zur Schokomasse geben und alles glatt verrühren. Die Form fetten, dann den Teig einfüllen und glatt verstreichen.

3 Die Brombeeren kurz abbrausen, trocken tupfen und auf dem Teig verteilen. Im vorgeheizten Backofen in ca. 20–25 Min. goldgelb backen. Dann herausnehmen und komplett auskühlen lassen. Zum Servieren in 12 Stücke teilen und auf einer Platte anrichten.

Für 4 Stück • 15 Min. Zubereitung • 25 Min. Backen • Pro Stück ca. 255 kcal, 7 g E, 4 g F, 45 g KH

BANANA-BLONDIES

SCHNELL

2 Bananen
1 Ei
150 g Dinkelmehl (Type 630)
10 g Backpulver
100 ml Mandeldrink
30 g Erythrit (nach Belieben)
25 g zuckerfreie weiße Schoko-
    Drops
Auflaufform (ca. 20 × 20 cm)
Halbfettmargarine zum Fetten
    der Form

1 Den Backofen auf 180° (Umluft) vorheizen. Die Bananen schälen, in eine Rührschüssel geben und mit den Zinken einer Gabel fein zerdrücken. Ei, Mehl, Backpulver und Mandeldrink hinzufügen und alles glatt verrühren. Nach Belieben mit Erythrit nachsüßen.

2 Form fetten. Den Teig einfüllen, gleichmäßig verstreichen und mit den Schoko-Drops bestreuen. Im heißen Ofen in 20–25 Min. goldgelb backen. Bei Bedarf (je nach Größe der Bananen) noch 4–5 Min. backen, bis bei der Stäbchenprobe kein Teig mehr haften bleibt.

3 Dann aus dem Ofen nehmen und abkühlen lassen. Zum Servieren in 4 Stücke teilen und auf Tellern anrichten.

REGISTER

Abkürzungsverzeichnis:
E = Eiweiß
EL = Esslöffel
(gestrichen)
F = Fett
kcal = Kilokalorien
KH = Kohlenhydrate
Msp. = Messerspitze
Pck. = Päckchen
TK = Tiefkühl
TL = Teelöffel
(gestrichen)
Ø = Durchmesser

LIEBE LESERINNEN UND LESER,

wir wollen Ihnen mit diesem Buch Informationen und Anregungen geben, um Ihnen das Leben zu erleichtern oder Sie zu inspirieren, Neues auszuprobieren. Wir achten bei der Erstellung unserer Bücher auf Aktualität und stellen höchste Ansprüche an Inhalt und Gestaltung. Alle Anleitungen und Rezepte werden von unseren Autoren, jeweils Experten auf ihren Gebieten, gewissenhaft erstellt und von unseren Redakteur*innen mit größter Sorgfalt ausgewählt und geprüft.

Haben wir Ihre Erwartungen erfüllt? Sind Sie mit diesem Buch und seinen Inhalten zufrieden? Wir freuen uns auf Ihre Rückmeldung. Und wir freuen uns, wenn Sie diesen Titel weiterempfehlen, in Ihrem Freundeskreis oder bei Ihrem Online-Kauf.

Sollten wir Ihre Erwartungen so gar nicht erfüllt haben, tauschen wir Ihnen Ihr Buch jederzeit gegen ein gleichwertiges zum gleichen oder ähnlichen Thema um.

KONTAKT ZUM LESERSERVICE

GRÄFE UND UNZER VERLAG
Grillparzerstraße 12
81675 München
www.gu.de

IMPRESSUM

© 2023 GRÄFE UND UNZER VERLAG GmbH,
Postfach 860366, 81630 München

GU ist eine eingetragene Marke der GRÄFE UND UNZER VERLAG GmbH, www.gu.de

ISBN 978-3-8338-9070-3
2. Auflage 2023

Projektleitung: Elke Sieferer
Lektorat: Dr. Stefanie Gronau
Korrektorat: Christian Wolf
Gesamtgestaltung: independent Medien-Design, München
Umschlaggestaltung: ki36 Editorial Design, Sabine Krohberger, München
Herstellung: Felix Robitsch
Satz: Eberl & Koesel Studio GmbH
Reproduktion: medienprinzen GmbH
Druck + Bindung: Firmengruppe APPL, aprinta druck, Wemding
Printed in Germany

Bildnachweis:
Grossmann.Schuerle: S. 3, 6-41 und 44-64
Vera Jakuschinski: S. 4 (Autorenfoto)
Coco Lang: S. 1, 5 und Stilleben auf den Klappen
Mathias Neubauer: Steps auf der hinteren Klappe (Grundrezepte Mürb- und Hefeteig)
Stocksy: Cover
Kramp&Gölling: Steps auf der vorderen Klappe (Grundrezept Biskuit)
Natascha Storch: S. 43

Umwelthinweis:
Nachhaltigkeit ist uns sehr wichtig. Der Rohstoff Papier ist in der Buchproduktion hierfür von entscheidender Bedeutung. Daher ist dieses Buch auf PEFC-zertifiziertem Papier gedruckt. PEFC garantiert, dass ökologische, soziale und ökonomische Aspekte in der Verarbeitungskette unabhängig überwacht werden und lückenlos nachvollziehbar sind.

Syndication: www.seasons.agency

Die GU-Homepage finden Sie unter www.gu.de

Ein Unternehmen der
GANSKE VERLAGSGRUPPE

Der FEINSCHMECKER-SHOP und GU möchten Sie kulinarisch verführen

Wenn Sie Essen und Kochen lieben und Ihnen Qualität und Genuss am Herzen liegen, sind Sie bei uns richtig. Entdecken Sie die Welt der kulinarischen Köstlichkeiten in unserem Online-Shop – mit dem **15-Euro-Geschenkgutschein** von Der FEINSCHMECKER-SHOP und GU. Ohne Aufwand Favoriten bequem nach Hause bestellen und genießen!

Werde Teil unserer GU Community und sichere dir deinen Gutscheincode. Mehr Infos unter **www.gu.de/feinschmecker-shop**

~ *Feinste Pasteten aus französischen Traditionsmanufakturen*
~ *Saftiger spanischer Angelfisch aus nachhaltigem Fang*
~ *Ausgezeichnete internationale Essige und Öle*
~ *Elegante Spitzenweine aus erstklassigen Lagen*
~ *Handgemachte Süßigkeiten mit Geschichte & Charakter*
~ *Schokoladiger Kaffee und kräftiger Espresso*
~ *Klassische und moderne Küchengeräte legendärer Marken*

DER FEINSCHMECKER-SHOP
15 € *
Gutschein

*Bei einem Bestellwert ab 30 €.

Die Autorin

Natascha Storch

Natascha Storch (M.Sc.) ist Ernährungswissenschaftlerin und studierte an der Hochschule Fulda Oecotrophologie und Public Health Nutrition. Seit mehreren Jahren ist sie als Foodbloggerin auf ihrem Instagram Account aktiv. Schon seit ihrer Kindheit gehören Backen und Kochen zu ihren großen Leidenschaften. Ausgelöst durch eine jahrelang unbemerkte Schilddrüsenunterfunktion beschäftigte sich intensiv mit dem Thema Zucker und damit verbundenen Folgen für den eigenen Körper. Süße Leckereien mit weniger Zucker? Ja, das geht ohne Probleme!